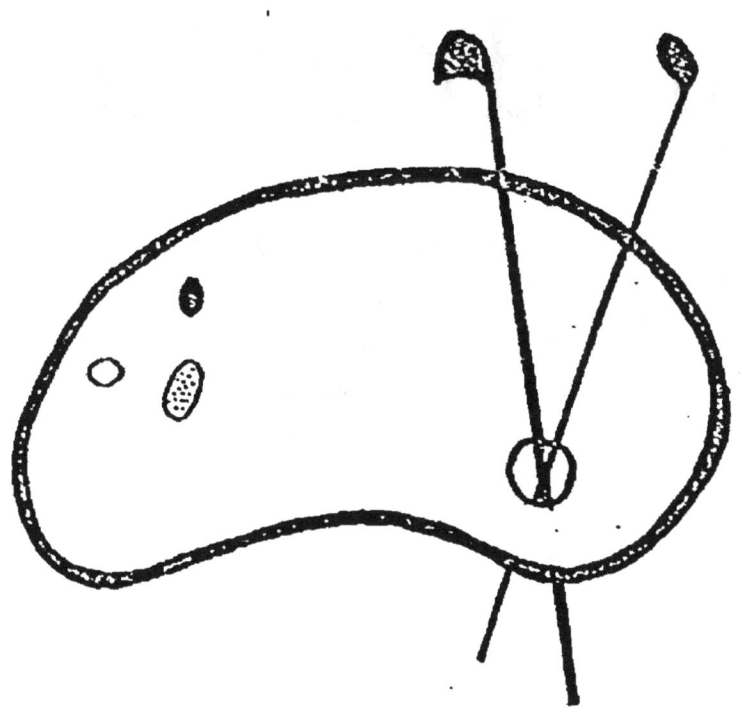

DEBUT D'UNE SERIE DE DOCUMENTS
EN COULEUR

JACQUES DE NITTIS

Au déclin

A PROPOS EN UN ACTE, EN VERS

Représenté à Paris, sur le Théâtre national de l'Odéon
le 21 décembre 1894.

A L'OCCASION DU 255ᵉ ANNIVERSAIRE
DE LA NAISSANCE DE RACINE

PARIS

PAUL OLLENDORFF, ÉDITEUR

28 bis, RUE DE RICHELIEU, 28 bis

1895

reproduction, de traduction et de représentation réservés pour tous les pays
y compris la Suède et la Norvège.

LIBRAIRIE PAUL OLLENDORFF
28 bis, rue de Richelieu, Paris.

L'Art de dire le Monologue, par Coquelin aîné et Coquelin cadet, *de la Comédie-Française*. 1 volume gr. in-18. 3 fr. 50

La Prononciation Française et la Diction, à l'usage des écoles, des gens du monde et des étrangers, par Alfred Cadvet. 1 vol. in 18. . . . . 2 fr. 50

L'Art de bien dire, par H. Dupont-Vernon, *de la Comédie-Française*. 1 vol. in-18. . . . . 3 fr. »

La Diction et l'Éloquence, par Alphonse Scheler. 1 vol. in-18. . . . . 1 fr. »

Disons des Monologues, par Paul Lheureux. 1 vol. in-18. . . . . 3 fr. 50

Monologues Comiques et Dramatiques, par E. Grenet-Dancourt. 1 vol. gr. in-18. . . . . 3 fr. 50

Monologues et Récits, par Emile Boucher et Félix Galipaux. 1 vol. in-18. . . . . 2 fr. »

Théâtre à la Ville, comédies de cercles et de salons, par E. Cellier. 1 vol. in-18. . . . . 3 fr. 50

Théâtre de campagne, par E. Legouvé, E. Labiche, H. Meilhac, E. Gondinet, etc., etc. Ont paru les séries 1 à 8. Chaque série forme un vol. in-18. . . . 3 fr. 50

Les Mille et une Nuits du Théâtre, par A. Vitu (séries 1 à 9), chaque série formant un vol. gr. in-18. 3 fr. 50

Théâtre d'Adolescents, par A. Carcassonne. 1 vol. gr. in-18. . . . . 3 fr. 50

Théâtre de Jeunes Filles, par A. Carcassonne. 1 vol. gr. in-18. . . . . 3 fr. 50

Imp. Noizette et Cie, 8, rue Campagne-1re, Paris

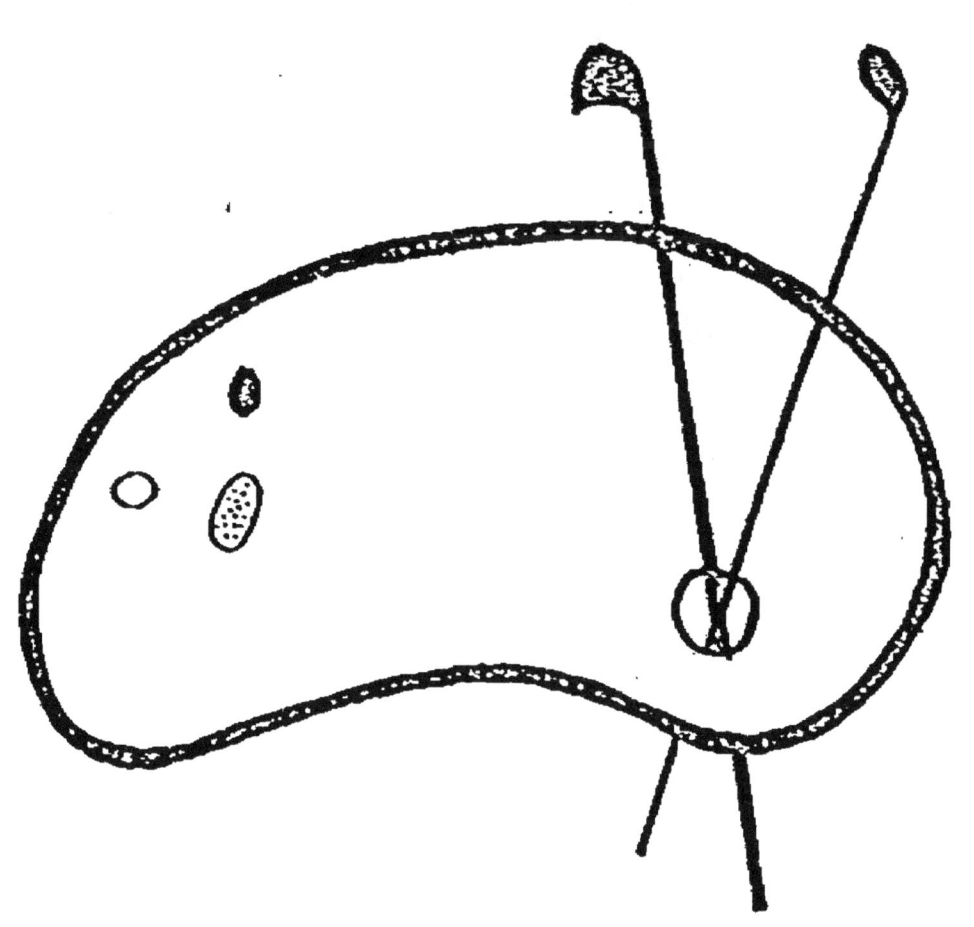

FIN D'UNE SERIE DE DOCUMENTS
EN COULEUR

Au déclin

A PROPOS EN UN ACTE, EN VERS

JACQUES DE NITTIS

Au déclin

A PROPOS EN UN ACTE, EN VERS

*Représenté à Paris, sur le Théâtre national de l'Odéon
le 21 décembre 1894.*

A L'OCCASION DU 255ᵉ ANNIVERSAIRE
DE LA NAISSANCE DE RACINE

PARIS
PAUL OLLENDORFF, EDITEUR
28 *bis*, RUE DE RICHELIEU, 28 *bis*

—

1895

Tous droits de reproduction, de traduction et de représentation réservés pour tous les pays
y compris la Suède et la Norvège.

Au Maître José-Maria de HÉRÉDIA

> Patris familiarissimum, nobis jam inde a puero amicum, eximium artificem, velim hunc libellum non ingratus ad te deferre jubeas.
>
> JACQUES DE NITTIS

PERSONNAGES

Mme DE MAINTENON.....	Mlles ARBEL
LAURE DE NAVES......	CHAPELAS.
RACINE............	MM. JAHAN.
LOUIS XIV..........	CÉALIS.
MANICAMP..........	TALDY.

COURTISANS. — SUIVANTES DE Mme DE MAINTENON.

La scène se passe en 1698. — Une galerie de Marly.

Au déclin

Une galerie de Marly.

SCÈNE PREMIÈRE

RACINE, MANICAMP.
(Ils causent.)

MANICAMP.

. . . .

On vous nommait déjà janséniste et boudeur
Car vous nous témoignez, monsieur, quelque froideur.
Et l'on ne vous voit guère à la Cour, sans reproche...

RACINE.

Que voulez-vous, marquis, peu de chose rapproche
De ces lieux fortunés un poète vieilli

Avec quelque respect qu'il y soit accueilli.
Mais, si la Cour et moi faisons mauvais ménage
Il n'en faut, malgré tout, accuser que mon âge :
Je ne sais presque plus tourner un compliment.
Mais chacun, au surplus, s'en console aisément.

MANICAMP.

Oh! Pour ce mot, monsieur Racine, je proteste :
Vous êtes admiré des plus fiers sans conteste.
Pour frivoles et vains que soient les courtisans
Ils ne sont point frappés que par des mots plaisants
Et savent mesurer, remplis de déférence,
Du génie à l'esprit toute la différence,
Et le nom de Racine est parmi les grands noms !

RACINE, saluant.

Monsieur !...

MANICAMP, confidentiel.

    De vous à moi, nous nous embéguinons !
Ne cherchez plus ici la gaîté familière
Du temps où souriait, charmante, La Vallière

Ni même de celui, plus noble, où Montespan,
Hautaine et fastueuse, escortait son amant.
Nous sommes vertueux ! L'ennui nous assassine
Et nous avons l'aspect grave et l'humeur chagrine.
Louis est soucieux ; comment ne l'être pas ?
La gêne appesantit nos discours et nos pas.
Mais vous nous revenez tout à fait ?...

RACINE.

Non. Peut-être
M'en irai-je demain.

MANICAMP.

Diable ! On ne saurait être
Plus pressé.

RACINE.

Je voulais, au Roi, lire un placet
Mon volontaire exil suivra son insuccès.

MANICAMP.

Nous en reparlerons ; ce sujet m'intéresse.
Excusez-moi, Monsieur ; c'est l'heure de la messe.

(Manicamp s'éloigne.)

SCÈNE II

RACINE, seul.

RACINE.

O rêves! O désirs! Cruels et durs vainqueurs!
Vous, que rien ne saurait étouffer dans les cœurs
Où vous dormez, sommeil prudent que tout agite!
Notre sagesse est vaine et n'est que la faillite
Des beaux espoirs, qu'enfants, nous conçûmes parfois
Lorsque vous nous parliez avec vos douces voix.
Nos cœurs sont la forêt où l'ombre s'accumule,
Où des oiseaux, qui se sont tus au crépuscule
S'éveillent en sursaut, si la brise du soir
Fait frissonner le bois. Il suffit d'un espoir
Pour réveiller en nous les angoisses passées
Les amours d'autrefois, les peines trépassées...
Je me leurrais en vain du prétexte menteur
De vouloir soulager le peuple et son malheur.
A de plus doux objets mon âme s'intéresse

AU DÉCLIN

Et je suis revenu, poussé par ma tendresse.
O faible cœur humain! La fatigue et les ans
N'en peuvent apaiser les soucis séduisants.
Hélas! les vrais amants aiment toute la vie!
Leur âme, large ouverte et jamais assouvie
Ne saurait se plier au mol apaisement
De la sagesse, sans plaisir et sans tourment.
Or, j'ai voulu revoir, tant ce rêve m'oppresse,
La douce enfant qui me montra quelque tendresse :
Un amour très câlin, pur comme un matin clair
Quand, à Saint-Cyr, jadis, elle jouait Esther.
Mais, depuis ce temps-là!... L'enfant s'est faite femme
Et peut-être, son cœur chanta l'épithalame
De quelque amour nouveau?... J'avais le souvenir,
N'ai-je pas eu grand tort, mon Dieu, de revenir?
Et pourtant!... Et pourtant, que l'espoir est vivace!
Comme ce bref bonheur de naguère m'enlace :
La caresse de ses yeux noirs et de ses mains
Dans les miennes! Depuis, loin des tracas mondains
Je voulais oublier tout dans la solitude
...Et, ce regard d'enfant troublait ma quiétude.
Se souvient-elle encor qu'elle faillit m'aimer?

Le temps inexorable a pu la transformer
A tel point que j'aurai peine à la reconnaître ?
(Laure entre sans le voir.)
Ah ! C'est elle ! Mon Dieu ! Ne laissons rien paraître

SCÈNE III

RACINE, LAURE DE NAVES.

RACINE, haut.

Mademoiselle...

LAURE, le voyant seulement alors.

Ah ! La bonne surprise ! Et moi,
J'avais renoncé presque à vous revoir ! Pourquoi
Nous négliger depuis si longtemps ?

RACINE.

Que lui dire
Le poète parfois désapprend de sourire...

Hélas! Il ne sait point, cœur toujours agité,
Porter la lourde vie avec sérénité !
Or, le moindre souci, broché sur cette trame,
Se répercute en longs frissons parmi son âme.
...Et puis, l'âge est venu...

LAURE.

La Gloire, n'est-ce pas
L'éternelle jeunesse ?

RACINE.

Au delà du trépas
Peut-être ! En attendant, j'aimerais mieux la vôtre :
C'est celle de l'amour !...

LAURE.

Moi, je choisirais l'autre.

RACINE.

Ah ! Pouvoir être aimé ! Ce bonheur est sans prix !

LAURE, coquette.

Ne le pourriez-vous pas ?

RACINE, à part.

Aurait-elle compris?

LAURE.

Et vous aimez... quelqu'un?

RACINE, hésitant.

C'est presque ridicule
A dire, moi qui suis tout près du crépuscule!

LAURE, souriant.

En vérité, monsieur, vous êtes bien pressé
De perdre le courage...

RACINE, à part.

Oh! Quel rêve insensé!
Où sont les désespoirs et les folles rancunes?
Un vent du large a balayé ces importunes.

LAURE, avec hésitation.

Vous n'avez pas la foi?

AU DÉCLIN

RACINE.

Hélas ! non ; j'ai souffert.

LAURE, avec élan.

Alors, je vous comprends !

RACINE, légèrement surpris.

Tant de bonheur offert
Ne vous le permet pas ! Belle, heureuse, entourée,
O vous que la douleur n'a jamais effleurée,
Non, vous ne pouvez pas savoir l'âpre combat
Qui se livre en moi-même, et comme se débat
Un être fier et fort, sous l'étreinte pesante
Du Destin ! Cette vie aimable et complaisante,
— La vôtre maintenant, — fut la mienne autrefois.
J'ai connu le triomphe et les câlines voix
Et les douces langueurs, les aveux qu'on soupire...
... Et maintenant !... C'est le retour... et je n'inspire
Du passé, proche encor, suprême survivant
Qu'hommage inattentif, et respect décevant !...
Beaux discours, ciselés comme par des orfèvres
Les mots que l'on me dit ne partent que des lèvres.

LAURE.

Mais la Gloire ?...

RACINE.

     Ah ! comme on donnerait volontiers
Tout au monde ! Et la Gloire ! Et ses fracas altiers,
Et ce pompeux bonheur, dépourvu d'allégresse...
Allez ! Comme on donnerait tout pour la tendresse !
Deux bras qui s'ouvrent !... Mais, c'est tout le rêve humain !

LAURE.

Et quand ils font défaut, que tout le reste est vain !

RACINE, frappé.

Elle aime !... C'en est fait !... C'était inévitable !
Il suffit de la voir ! O peine inexorable !
Elle aime !... Elle aime !... Et moi, j'en demeure atterré,
Quel chimérique espoir m'avait déjà leurré ?

LAURE.

Je ne suis plus la même, et je me passionne
Aux ténébreux tourments de Phèdre et d'Hermione.

Vous pouvez maintenant me dire vos secrets,
Car la communauté de peines rend discrets
Ceux qui souffrent!... Ce sont peut-être des chimères
Sur le ciel du bonheur, nuages éphémères !
Et vous serez heureux...

RACINE, avec douleur et comme à soi-même.

Ah ! Celle que j'aimais
Est morte et je voudrais l'oublier à jamais,
Ou, tout au moins, l'aimer comme on aime une morte !
Rien d'elle ne survit ; une étrangère apporte
A mon cœur transformé des gestes inconnus.
— Ses gestes caressants, que sont-ils devenus ?

LAURE, étonnée.

Mais alors, que feut-il ?...

RACINE.

Ma misère est extrême
Car elle ne sait pas seulement que je l'aime !

LAURE.

Si vous ne parlez pas !...

RACINE, avec ironie.

Sourire, elle saurait,
Et s'émouvoir aussi, juste comme il faudrait.
Un jour, imprudemment, je faillis tout lui dire,
M'attirer l'ironique et très gentil sourire...
Mais, au dernier moment, je me suis aperçu
De mon absurdité...

LAURE, rêveuse.

Voyez l'espoir déçu,
Cela peut arriver toujours !

RACINE.

Pas à votre âge
Et vos charmes n'ont point à craindre un tel outrage.

LAURE, faiblement.

Hélas !

RACINE.

Avez-vous des chagrins mystérieux ?
Dites-les moi sans crainte, allez ! Je suis..... si vieux

Confiez-vous à moi ; ce sont peines légères
Sans doute ; et vous tremblez d'alarmes passagères ?
Mon enfant...

LAURE, avec élan.

Hé bien oui ! C'est vrai ! J'aime et j'ai peur !

RACINE.

Que craignez-vous ?

LAURE.

D'être oubliée, en plein bonheur,
Après l'aveu, au lendemain de l'espérance !
Racine, croyez-m'en, c'est la pire souffrance !
Oh ! oui, j'aime ! Et je doute, et voudrais oublier.
Je ne sais que pleurer et que m'humilier.

RACINE.

Faites-le devant Dieu qui, seul, guérit les âmes.
Sa bonté verse en nous les suprêmes dictames.
Le hautain réconfort, l'apaisement, l'oubli !

LAURE.

Qui sait ! Autour de moi, tout me semble pâli.
Voyez-vous, je dois, tant ma douleur est affreuse,
Renoncer à l'espoir d'être jamais heureuse,
J'entends quelqu'un, je crois ; Racine, sans adieu,
Au revoir. (A part, en s'en allant.)
     Sera-t-il au rendez-vous, mon Dieu.
         (Elle sort.)

SCÈNE IV

RACINE, seul.

RACINE.

Si les hommes pouvaient traiter en choses vaines
Ces tendres sentiments qui causent tant de peines.
Ne chercher en l'amour qu'un doux délassement,
Au lieu de s'épuiser — si désespérément ! —
A poursuivre au delà de leur vaine apparence
Les âmes mêmes, en leur manteau d'indifférence !
    (Après un silence, d'une voix raffermie.)

Sans plus m'importuner de ma triste rancœur,
Je veux, souci plus haut que mon propre bonheur,
Espoir moins décevant que l'amour et son leurre,
Aider au réconfort de ce peuple qui pleure.

SCÈNE V

RACINE, Mme DE MAINTENON.

RACINE.

Ah ! Madame de Maintenon vient justement.
     (Il va au-devant d'elle et lui baise la main.)
Madame, je voudrais vous parler un moment

Mme DE MAINTENON.

Monsieur de Manicamp, au sortir de la messe,
Me l'avait dit ; aussi, Racine, je m'empresse
Vers celui qui, pourtant, put nous abandonner,
Puisqu'une affaire, seule, a su vous ramener.

RACINE.

Madame, excusez-moi, j'ai vieilli...

Mme DE MAINTENON.

Non, Racine.
Et nul ne vous croira ; votre air et votre mine
Le démentent.

RACINE.

Pourtant, sans faire de façons.
La vie, à ce sujet, m'a donné ses leçons.

Mme DE MAINTENON.

Comme à chacun de nous. Au lieu qu'on s'en attriste
Il faut s'incliner...

RACINE.

Sans murmurer ?

Mme DE MAINTENON, le menaçant du doigt.

Janséniste !
Mais voyons ce qui vous amène. Vous savez

Que mes soins amicaux vous furent conservés
Malgré l'ingratitude et malgré votre absence ;
Et que le Roi, pour vous est plein de complaisance.

RACINE.

Madame, je voudrais plaider auprès du Roi
La cause de son peuple en piteux désarroi.
Il ne peut supporter plus longtemps sa misère.
Pour remettre un placet, c'est en vous que j'espère.

Mme DE MAINTENON.

Le moment fut très mal choisi. Sa Majesté
Doit pourvoir tout d'abord à la sécurité
Du royaume.

RACINE.

Pourtant, le peuple s'exténue
A la peine ; et si la misère continue
On n'aura plus à protéger que des cercueils.

Mme DE MAINTENON, tressaillant.

En ce moment, votre projet est plein d'écueils ;
Le Roi pourrait s'en offenser, comme d'un blâme.

RACINE.

Mais vous ne doutez point de mon respect, madame.
C'est l'intérêt du Roi, qui, seul, me fait parler ;
Moi, je crois qu'il ne faut rien lui dissimuler.

Mme DE MAINTENON.

Donnez-moi ce papier, je veux d'abord le lire.
Et, dès que je pourrai le faire sans vous nuire,
Je vous promets de l'appuyer.
(Avec un mouvement de frayeur.)
Mon Dieu ! Le Roi !

SCÈNE VI

RACINE, LE ROI, Mme DE MAINTENON.

(Mme de Maintenon fait un mouvement pour dissimuler le placet. — Le Roi les examine, moitié riant, déjà soupçonneux.)

LE ROI.

Quel trouble tout à coup ! C'est un complot, je crois.
(Montrant le placet.)

AU DÉCLIN

Contient-il un pamphlet dont on me fait mystère,
Ou d'un obscur dessein est-il dépositaire ?

Mme DE MAINTENON, émue encore.

Sire, c'est un placet.

LE ROI, rasséréné.

Vous avez bien choisi,
Pour le remettre, la douce main que voici.
(Il baise la main de la marquise.)
Donnez-le moi, madame, et soyez assurée
De tout mon bon vouloir.

Mme DE MAINTENON, à part.

Ah ! je suis atterrée !
LE ROI, qui s'efforce de lire le placet qu'on ne lui donne pas.
Mémoire pour le peuple ?
(Avec hauteur.)
Alors, il faut parler.
S'agirait-il d'abus qu'on veut me signaler ?

RACINE, s'enflammant peu à peu.

Le seul désir de voir votre règne prospère

Autant que glorieux, me fait parler. J'espère
Que vous m'excuserez de vous énumérer
Les misères d'en bas qu'on vous laisse ignorer.
Les champs restent abandonnés et sans culture ;
Vos paysans ruinés n'ont d'autre nourriture
Que le pain d'orge et quelques fruits ; à peine humains
Ils s'en vont mendier le long des grands chemins.
Sire, vous avez fait du grand peuple de France
Le premier parmi tous ; mais sa longue souffrance
Réclame maintenant quelque tranquillité.
O Sire, vous serez, pour la postérité,
Le roi superbe et grand, qui fit la France grande !
Mais le pays lassé vous implore et demande
L'apaisement. S'il est partout au premier rang
Cela lui coûta trop de larmes et de sang !
On le pressure par la gabelle et la taille
Pour que vos généraux gagnent une bataille.
Le peuple meurt de faim au chant des *Te Deum !*

Mme DE MAINTENON, effrayée.

Racine !

LE ROI, avec hauteur

Vous parlez, ma foi, comme un tribun...
Allez! Faites des vers et non des remontrances,
J'ai de meilleurs commis pour me parler finances.

(A M*me* de Maintenon.)

Vous pourrez, tout au long, lire ce bel écrit!

(Il se retire sans même regarder Racine.)

M*me* DE MAINTENON, à part et regardant Racine.

Hélas! le malheureux! Je crois qu'il perd l'esprit!

(Elle sort à la suite du Roi.)

SCÈNE VII

RACINE, seul.

RACINE.

O Roi! Si tu montrais le fond de ta pensée!
Vanité tyrannique et toujours encensée
Par les nobles valets attachés à tes pas;

Égoïsme intraitable et qui ne rougit pas
De bâtir des palais quand le peuple mendie...
— Peuple d'esclaves, mais dont la plainte assourdie
Peut soudain se changer en longs cris de fureur;
Apre orgueil qui se croit au-dessus de l'erreur;
Haine des êtres fiers de leur indépendance,
Indulgent seulement pour quiconque l'encense;
Seul besoin de splendeur; superbe et vanité
C'est tout ce que contient ton âme, en vérité!
Que, pour ta politique et pour ta fantaisie
Tout un peuple s'épuise; et que se rassasie
Ta monstrueuse ambition sans s'émouvoir
Des appétits d'en bas; tu ne sais concevoir
Que l'or et le gala de ta cour solennelle.
Et quand tu protégeas — de façon paternelle
Comme l'on dit — les Arts, tu ne voyais en eux
Qu'une gloire de plus pour ton règne ruineux.
Mais tu n'entends donc pas la houle inassouvie
Qui monte, réclamant une part de la vie?
Comme un rocher rompant tout l'effort de la mer,
Entre ton peuple et toi, tu mets un mur de fer!
Pour toi, tout! Et pour lui, l'angoisse et la souffrance!

O despote ! Crois-tu donc que toute la France
C'est toi seul ! Fou d'orgueil, enivré par ton rang,
Prodiguant sans remords sa richesse et son sang ?
...Et si, quelqu'un, venant troubler ta quiétude,
Te révèle combien souffre la multitude,
Seul, ton orgueil écoute ! Et de mots protecteurs
Il te plaît d'offenser tes plus vieux serviteurs.
(Une pause.)

Allons, le cœur frappé d'une double blessure,
Je rentrerai, plus las, dans ma retraite obscure

SCÈNE VIII

RACINE, LAURE.

LAURE, revient affolée.

Il me trompait ! J'en ai la preuve !
(Alors seulement elle voit Racine.)
Ah ! Maintenant

Je suivrai vos conseils. A l'ombre d'un couvent,
J'oublierai dans la paix l'ingrat lâche et frivole
Qui brise un cœur de femme et trahit sa parole.

RACINE.

Enfant, n'y croyez pas. Jusqu'au pied des autels
L'amour viendra chanter ses refrains immortels
Quand on aime une fois, il faut aimer encore.

LAURE.

Vous dites?

RACINE.

Au déclin des jours comme à l'aurore
Il faut au cœur blessé de nouvelles amours,
Et Dieu ne suffit pas... même en priant toujours !

LAURE, saisie.

Je ne vous comprends plus ! Mais je me désespère !
Conseillez-moi ; tantôt, vous me parliez en père ;
J'ai besoin d'un appui ;...

RACINE.

Vous êtes, mon enfant,
A l'aube de la vie et l'amour triomphant

Reviendra, digne en tout, de vos jeunes tendresses.
Chassez pour votre orgueil, d'inutiles tristesses.

LAURE, étonnée.

Vous êtes mon ami, pourtant...

RACINE.

      Je vous trompais
Ou plutôt, je me suis leurré. Je vous aimais
D'amour !

(Mme de Maintenon entre soucieuse, un peu solennelle. Laure demeure muette et clouée sur place par la surprise que lui cause le mot de Racine).

SCÈNE IX

RACINE, LAURE, Mme DE MAINTENON.

LAURE.

Mon Dieu !

Mme DE MAINTENON.

    Qu'avez-vous fait ? Quelle imprudence !
Un tel discours, au Roi ! Mais c'est de la démence !

Vous pouviez, sans retour, nous perdre tous les deux.
Quel orgueil vous dicta ces pensers hasardeux ?
Laissez agir pourtant mon amitié fidèle.
Mais restez à la cour, il le faut, mon rebelle !

RACINE réfléchit, puis, s'approchant de Laure.

De songes merveilleux, moi, je vous bercerai ;
Laure, oubliez l'ingrat ! Je vous consolerai.

LAURE.

Malgré la trahison, Racine, j'aime encore...

Mme DE MAINTENON, frappée d'une compréhension subite.

J'ai compris maintenant ; c'est elle qu'il adore !

RACINE, relevant la tête.

Madame, c'en est fait, je ne veux pas lutter
Et mon cœur méconnu n'a rien à regretter.

Mme DE MAINTENON, très douce.

O Racine, parfois il est dans l'existence
Un jour de deuil où quelque peine plus intense

AU DÉCLIN

Harcèle et fait plier le cœur endolori.
L'avenir, devant nous, paraît tout assombri!
Mais qu'importe, pour vous, le lourd chagrin d'une heure!
Sur les troubles présents, votre gloire demeure
Triomphale, éclatante, et durera toujours!
Nos intrigues, nos pleurs et les pâles amours
Où notre cœur, parfois, s'amoindrit et succombe,
Seront, depuis longtemps, enfermés dans la tombe,
Que vous demeurerez, planant sur l'univers!
Ce siècle, tout entier, revivra dans vos vers!
Racine, croyez-vous que jamais on oublie
Votre Esther, Bérénice, Andromaque, Athalie?
Pourquoi vous vois-je ici, sombre et désespéré?
La Gloire vous attend!

RACINE regarde Laure.

Madame, j'en mourrai!

RIDEAU

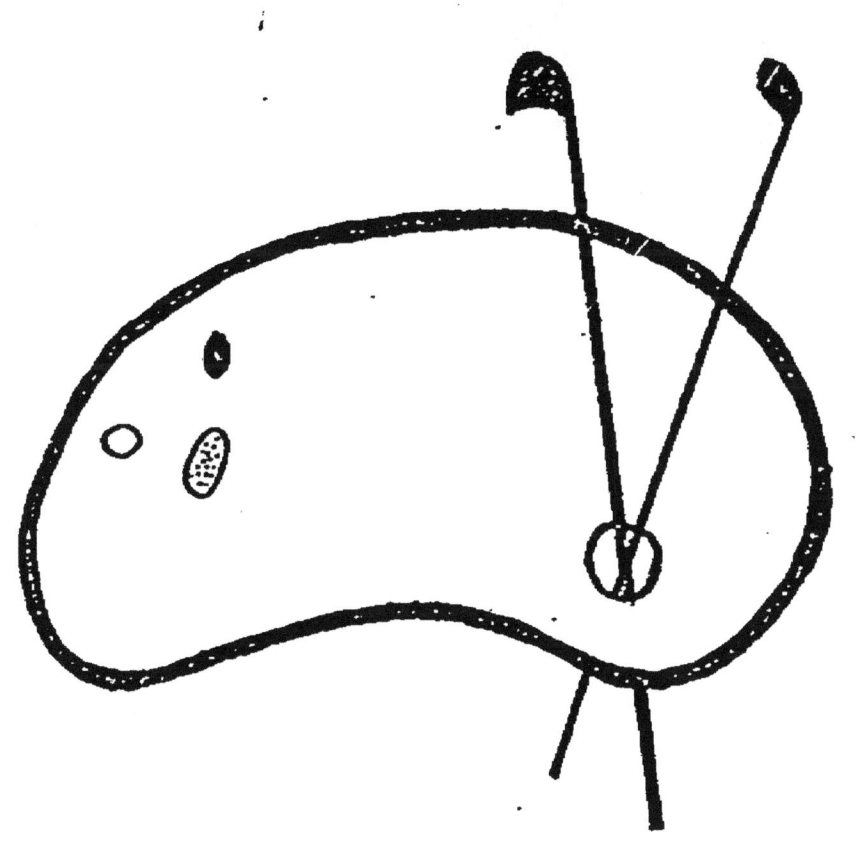

ORIGINAL EN COULEUR
NF Z 43-120-8

www.ingramcontent.com/pod-product-compliance
Lightning Source LLC
Chambersburg PA
CBHW060509050426
42451CB00009B/888